내 맘대로 할 거야

스콜라 scola_ 가치 있는 책을 만드는 아름다운 책 학교
(주)위즈덤하우스의 아동·청소년 브랜드입니다.

글 양태석

양태석 선생님은 어린 딸과 함께 노는 것을 참 좋아해요. 이 책을 쓰면서 딸이 말 안 듣고 고집 부렸던 때를 생각하니 웃음이 절로 났대요. 그럴 때는 딸이 조금 밉기도 했지만, 지나간 후에 생각하니까 그 모습까지도 사랑스러웠다고 해요. 또 딸의 모습을 생각하며 동화를 쓰니까 더욱 재미있었다고 합니다. 그동안 쓴 동화로는 《아빠의 수첩》, 《사랑의 힘 운동본부》, 《엄마 아빠는 언제나 네 편이야》 등이 있답니다.

그림 이루다

이루다 선생님은 이화여자대학교 정보디자인학과를 졸업한 뒤 같은 학교 대학원에서 시각디자인을 공부했어요. 아이들을 사랑하는 마음을 가득 담아 유쾌하면서도 따뜻한 그림을 그리고 있어요. 그동안 《아빠는 요리사 엄마는 카레이서》, 《세계지도로 보는 세계, 세계인》, 《공부하기 싫은 사람 모여라》, 《곰아저씨의 딱새 육아일기》 등 여러 어린이 책에 그림을 그렸답니다.

좋은습관 길러주는 생활동화 02
떼쓰는. 습관을. 고쳐주는. 책.

내 맘대로 할 거야

글 양태석 | 그림 이루다

스콜라

작가의 말

떼쓰지 않아도
내 마음을 전할 수 있어요

이 책의 주인공은 '정다원'이에요. 할머니와 엄마 아빠가 누구보다 '정다운 사람'이 되라고 특별히 지어 주신 이름이지요. 하지만 다원이는 정답기는커녕 심한 떼쟁이랍니다. 정말 못 말리는 떼쟁이지요. 그래서 엄마 아빠는 '다원'이란 이름이 '다 원하기만 하는 떼쟁이'의 줄임말이 아닐까, 하고 생각할 정도랍니다.

다원이가 한번 떼를 쓰기 시작하면 아무도 말릴 수가 없어요. 악을 쓰고 울면서 몸부림을 치면 집 안이 한바탕 뒤집어져요. 그러면 엄마 아빠도 어떻게 할 수 없고, 마법사 할머니도 혀를 끌끌 차지요. 다원이의 장난감들조차 다 도망을 가고 말 정도랍니다.

여러분은 어떤가요? 여러분도 종종 떼를 쓰지요? 아마 다원이처럼 자주는 아니더라도 가끔씩 떼를 써서 엄마 아빠를 힘들게 할 거예요.

떼를 쓰는 이유도 가지가지예요. 장난감을 사 달라고 조를 때, 혼자 다 먹겠다고 음식에 욕심을 낼 때, 하기 싫은 일을 해야 할 때, 놀러 가고 싶을 때 등등 아주 많지요.

　그런데 이 책의 주인공, 다원이는 어떻게 떼쓰는 버릇을 고칠 수 있었을까요? 이 책을 끝까지 다 읽으면 그 결과를 알 수 있을 거예요. 그리고 뒤에 나온 부록을 보면 떼쓰지 않고도 자기가 원하는 것을 가질 수 있고, 자기가 하고 싶은 것을 할 수 있는 방법도 배울 수 있을 거예요. 그러면 아마 여러분도 떼쓰는 버릇을 조금은 고칠 수 있겠지요?

　아 참, 그림을 그려 주신 이루다 선생님께 감사의 말을 전하는 걸 잊었네요. 얼굴에 심통이 가득한 다원이와 신비한 마술사 할머니, 그리고 개구쟁이 꼬마 도깨비의 모습을 개성 있게 잘 표현해 주어서 더욱 재미있는 동화가 된 것 같군요. 멋진 그림 감사합니다!

　자, 그럼 다원이가 어떻게 떼쓰는 버릇을 고칠 수 있었는지 살펴보러 갈까요?

2007년 김포에서

양 태 석

차례

작가의 말 | 떼쓰지 않아도 내 마음을 전할 수 있어요 4

해 줘! 8

안 돼. 내 거야! 20

내 얼굴이 이상해 28

아무도 없어요? 34

으아아아앙 48

같이 놀아요 70

부록 | 다원이와 함께 하는 떼쓰기 탈출 대작전!! 75
1. 심리 테스트로 알아보는 떼쟁이 지수
2. 강력 추천! 떼쓰지 않고 나를 이해시키는 방법

다원이는 아까부터 엄마 치마를 붙들고 계속 칭얼거리고 있었습니다.

"엄마, 상어입술볶음 먹고 싶어!"

설거지를 하던 엄마는 하도 어이가 없어서 단호하게 말했습니다.

"그런 건 없어!"

"그럼 악어껍질볶음 해 줘!"

"그런 것도 없어!"

다원이는 지지 않고 다시 소리쳤습니다.

"그럼 낙타발튀김 해 줘!"

다원이는 도대체 그런 이상한 음식 이름을 어디서 들었을까요? 아마 텔레비전이나 만화책에서 봤겠지요, 뭐.

하여튼 엄마는 고개를 휘휘 저었습니다.

"다시 말하지만, 그런 건 없어!"

다원이는 혼잣말로 중얼거렸습니다.

"있는데…… 정말 있는데…….."

다원이는 가슴이 답답했습니다. 텔레비전에서 외국 음식을 소개할 때 틀림없이 보았는데, 엄마는 생각도 해 보지 않고 없다고만 하니까 조금 짜증이 났습니다.

"없어! 없다고!"

엄마가 다시 한 번 외치자, 다원이의 얼굴이 잔뜩 일그러졌습니다.

하지만 이럴 때면 다원이만 가지고 있는 특별한 방법이 있

습니다. 엄마를 꼼짝 못하게 할 수 있는 초강력 무기, 바로 **떼쓰기**입니다.

갑자기 다원이의 작은 입에서 폭탄 같은 소리가 터져 나왔습니다.
"으아―아―앙―으아아아아아앙!"
다원이는 마구 울면서 로봇과 자동차, 포클레인, 곰인형 등등 손에 잡히는 대로 장난감들을 사정없이 내동댕이쳤습니다. 로봇과 자동차, 포클레인, 곰인형이 차례대로 비명을 질렀습니다.

"아이코! 나 죽네."
"으악, 또 시작이다!"
"꽥! 살려 줘."
"난 정말 다원이가 싫어!"

장난감들은 다원이를 피해 구석으로 슬슬 도망을 쳤습니다.

로봇은 침대 밑에 숨고, 자동차는 살살 굴러가 화분 뒤에 숨었습니다. 포클레인은 피아노 뒤에 숨고, 곰인형은 타박상을 입은 다리를 절뚝절뚝 절며 소파 밑에 숨었습니다.

다원이는 방 안에 누워 손과 발을 마구 휘저으며 소리를 질렀습니다.

"*악어껍질볶음* 먹고 싶어! 빨리 해 줘! 으아아아앙—!"

그런데 갑자기 거울에서 무언가 불쑥 튀어나왔습니다. 그것은 바로 꼬마 도깨비였습니다. 머리에는 검은 뿔이 나 있고, 피부는 빨갛고, 표범 가죽으로 만든 옷을 걸치고 있었습니다. 울퉁불퉁한 도깨비 방망이도 들고 있었지요.

"*드디어 찾았다!*"

꼬마 도깨비는 히죽히죽 웃었습니다.

그러다 느닷없이 다원이 앞으로 휙 날아오르더니 다원이의 귓구멍 속으로 쏙 들어갔습니다. 이 꼬마 도깨비는 떼를 쓰는 아이의 몸에서만 살 수 있거든요.

다원이는 꼬마 도깨비가 귓구멍에 들어간 줄도 모르고 계속 떼를 썼습니다.

"으아아아아아앙―!"

다원이가 계속 떼를 쓰자, 꼬마 도깨비가 나왔던 그 거울에서 다원이 할머니가 쏙 나타났습니다. 할머니는 검은색 모자와 망토를 두르고 계셨습니다.

다원이 할머니는 유명한 마술사였는데 나이가 많이 드셔서 몇 년 전에 돌아가셨습니다. 돌아가신 뒤에는 거울 속에서 살고 계신답니다. 거울 속에도 또 다른 세상이 있거든요. 도깨비와 요정, 마술사들이 백 명, 아니 천 명도 넘게 살고 있지요. 그래서 다원이는 그 거울을 '요술 거울'이라고 부른답니다.

"저 녀석 때문에 낮잠도 못 자겠네."

할머니는 자다 깬 얼굴로 툴툴거렸습니다.

그때 다원이 엄마가 접시에 음식을 담아 왔습니다.

"옛다, 먹어라! 이 고집불통아!"

접시에 담긴 음식은 소시지와 오이, 그리고 예쁘게 썰어 놓은 배였습니다. 그것들은 마치 상어입술과 악어껍질과 낙타발처럼 보였습니다.

음식을 보자, 다원이는 금세 울음을 뚝 그쳤습니다.

"텔레비전에서 본 것과는 다르지만 그래도 맛있게 생겼다. 히히!"

다원이는 허겁지겁 음식을 먹기 시작했습니다.

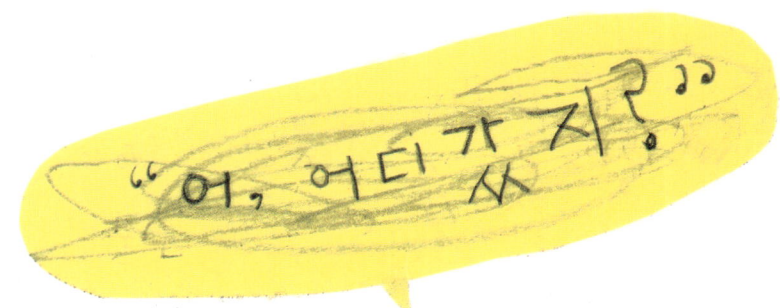

　음식을 다 먹고 난 다원이는 주변을 둘러보았습니다.

　"어? 내 로봇하고, 자동차하고, 포클레인하고, 곰인형이 어디 갔지?"

　엄마가 입을 삐죽이더니 말했습니다.

　"네가 싫어서 다 도망갔지, 뭐."

　다원이는 조금 기분이 상했습니다.

　"그래도 내가 장난감을 얼마나 좋아하는데……."

　다원이는 그렇게 중얼거리며 시무룩한 표정을 지었습니다.

　심심해진 다원이는 문득 요술 거울을 들여다보았습니다.

　그런데 이게 웬일일까요? 요술 거울에 비친 다원이 얼굴은 약간 붉은 색이 돌았고, 피부도 거칠어 보였습니다. 또 머리 위에는 작은 혹 같은 것이 나 있었습니다.

"내 얼굴이 조금 이상해."

다원이는 고개를 갸우뚱거리며 자기 얼굴을 자세히 들여다보았습니다.

한편, 다원이 몸으로 들어간 꼬마 도깨비는 아주 행복한 미

소를 짓고 있었습니다. 나무 사이에 걸쳐 놓은 그물침대에 누워 짜증케이크, 비명스파게티, 생떼아이스크림을 먹고 있었습니다.

"아, 정말 맛있다! 다원아, 계속 소리 질러! 울어 버려! 막 떼를 써! 그래야 내가 날마다 배부르게 먹게 된다고. 다원이 파이팅!"

다원이가 소리를 치르고, 울고, 떼를 쓸 때마다 다원이의 몸속에는 꼬마 도깨비가 먹을 음식들이 생겼습니다. 막 떼를 쓰면 몸에 나쁜 에너지가 생기는데, 그게 바로 음식으로 변해 꼬마 도깨비의 밥이 되는 것입니다.

> 안 돼. 내 거야!

며칠 뒤, 다원이 친구들이 우르르 몰려왔습니다. 바로 다원이의 생일이거든요.

커다란 상 위에 맛난 음식들이 잔뜩 차려져 있었습니다. 프라이드치킨, 생크림케이크, 무지개떡, 인절미, 김밥, 과일, 주스, 떡볶이, 과자……. 정말 상다리가 부러질 만큼 많은 음식들이 있었습니다.
아이들은 신나게 음식을 먹으며 놀았습니다.

바로 그때, 딩동~ 초인종이 울렸습니다.

"왔다!"

다원이가 소리를 지르며 달려 나갔습니다. 드디어 다원이가 제일 좋아하는 피자가 도착했기 때문이지요.

엄마가 상 위에 피자를 올려놓자, 아이들의 손이 한꺼번에 몰렸습니다.

"스톱! 안 돼! 피자는 나 혼자 먹을 거야. 나 혼자 콜라랑 먹을 거야!"

다원이가 친구들의 손을 쳐내며 소리쳤습니다.

"친구들과 나누어 먹어야지, 혼자 먹으면 욕심쟁이야. 그리고 콜라보다는 주스랑 먹는 게 좋아!"

엄마가 다원이를 나무랐습니다.

"아냐, 오늘은 내 생일이니까 내 맘대로야. 나 혼자 콜라랑 다 먹을 거야!"

다원이가 콜라 캔을 움켜잡고 피자를 자기 앞으로 쑥 끌어당겼습니다.

"그러면 안 돼! 친구들하고 나누어 먹어!"

엄마가 다시 소리쳤습니다.

그러자 다원이가 울먹울먹하더니 이내 으앙~ 하고 울음을 터뜨렸습니다.

"싫어, 싫어! 나 혼자 다 먹을 거야!"

다원이는 방바닥에 엎어져 마치 팽이처럼 빙글빙글 돌더니 소리를 질러 댔습니다.

"으아아아아앙~! 엄마 싫어! 친구들도 싫어! 다 싫어!"

어찌나 크게 울면서 소리를 지르는지 집이 들썩거릴 정도였습니다.

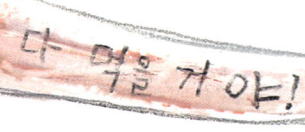

또 시작이군.

그러자 친구들이 하나 둘 자리에서 일어났습니다.

"질렸다."

"다원이, 소리 지르는 거 정말 지겨워."

"하여간 못 말려."

"쳇! 너 다 먹어라."

"에이, 귀 따가워! 가자!"

친구들이 한마디씩 중얼거리며 나갔습니다. 엄마가 붙잡으려 했지만 아이들은 생쥐처럼 쏙 빠져나갔습니다. 맨 나중에 나간 아이는 엄마 가랑이 사이로 쌩 빠져 달아났습니다.

친구들이 다 가 버린 것도 모르고 다원이는 여전히 으앙~ 울며 팽이처럼 빙글빙글 돌았습니다. 눈을 꼭 감은 채 울면서 자꾸만 빙글빙글 돌았습니다.

"다 먹을 거야. 내 거야. 피자랑 콜라랑 다 내 거야!"

다원이가 하도 난리를 피우자, 거실 구석에 앉아 있던 멍멍이와 야옹이도 고개를 설레설레 저었습니다.

"야옹, 쟤 정말 왜 저러니?"

"멍멍, 우리도 나가자. 시끄러워 죽겠다."
멍멍이와 야옹이도 뒷문으로 나가 버렸습니다.
로봇과 자동차, 포클레인, 곰인형은 어떻게 했을까요?
물론 멍멍이와 야옹이가 나가기도 전에 다들 소파 밑에 숨어 버렸습니다.

팔짱을 낀 채 화를 삭이고 있던 엄마가 이를 부드득 갈며 다원이에게 말했습니다.

"뚝! 뚝 해! 이 천하에 고집불통, 그만 울어!"

"싫어. 나 다 먹으라고 해 줘. 피자랑 콜라랑 나 다 먹으라고 해 줘!"

엄마가 팽이처럼 도는 다원이를 발로 척 멈춰 세우며 외쳤습니다.

"너 다 먹어! 피자랑 콜라랑 너 다 먹어!"

"정말?"

다원이는 그제야 울음을 멈추고 눈을 번쩍 떴습니다.

"어, 엄마…… 그런데 내 친구들 다 어디 갔어?"

다원이가 묻자, 엄마가 한숨을 푹 내쉬었습니다.

"글쎄, 어디 갔을까? 내가 네 엄마만 아니었다면 나도 어디론가 가 버렸을 거야."

다원이는 엄마 말에는 신경도 쓰지 않고 피자를 우걱우걱 뜯어 먹기 시작했습니다. 다원이는 자신의 생일이니만큼 자기가 가장 좋아하는 피자를 혼자 먹는 것은 당연하다고 생각했습니다. 오히려 야단을 치는 엄마와 피자를 빼앗아 먹으려는 친구들을 이해할 수 없었습니다. 일 년에 한 번뿐인 생일인데, 가장 좋아하는 피자를 혼자 먹는 건 당연한 것 아닌가요?

"우아, 맛있다!"

다원이는 콜라도 벌컥벌컥 마셨습니다.

순식간에 세 조각을 먹고, 다시 한 조각을 집어 들었습니다. 하지만 네 번째 조각은 반도 먹지 못했습니다. 이미 배가 꽉 차서 더 이상 먹을 수가 없었습니다.

"에이, 맛이 별로 없네."

다원이는 먹다 남은 피자 조각을 상 위에 던져 버렸습니다.

"그런데 엄마, 내 친구들 다 어디 갔어?"

다원이가 다시 물었습니다.

"엄마도 몰라. 가서 할머니한테 여쭤 보렴."

엄마가 입을 삐죽 내밀고 말했습니다.

내 얼굴이 이상해

다원이는 아직도 먹을 것이 많이 남은 생일상을 물끄러미 바라보았습니다. 프라이드치킨, 생크림케이크, 무지개떡, 인절미, 김밥, 과일, 주스, 떡볶이, 과자, 그리고 피자 네 조각과 먹다 남은 반 조각까지.

"어휴, 이 많은 걸 나 혼자 어떻게 다 먹지?"

다원이는 그렇게 중얼거리며 요술 거울 앞으로 다가갔습니다.

"할머니, 할머니!"

요술 거울을 향해 외치자, 이내 할머니 얼굴이 거울에 나타났습니다.

"왜 부르냐? 졸려 죽겠는데, 꼭 너는 할미가 자려고 할 때만 부르더라."

"혹시 생일 파티에 왔던 내 친구들 어디 갔는지 아세요?"

그러자 할머니가 짜증스런 목소리로 말했습니다.

"나도 요즘 바쁘단다. 꼬마 도깨비 녀석 하나가 도망쳤거든."

"어디로 갔는데요?"

"그걸 알면 내가 당장 잡아 오지. 하여간 바쁘니까 이만."

할머니가 순식간에 요술 거울에서 사라졌습니다.

"잠깐만요! 할머니, 내 친구들 어디 갔냐니까요?"

다원이가 외치자, 할머니가 다시 요술 거울에 나타났습니다.

"아, 그걸 물었었지. 잠깐만 기다려라."
할머니는 주머니에서 요술 구슬을 꺼내더니 '까따리 나마 리탕!' 하고 주문을 외웠습니다.

"어디 보자…… 오, 네 친구들 여기 있다. 놀이터에서 놀면서 마침 다원이 네 얘기를 하고 있구나."

"뭐라고 하는데요?"

"가만 보자, *다원이는 한심한 바보다, 다원이는 울보 떼쟁이다, 다원이는 욕심쟁이 먹보고, 정말 구제불능이다.* 이건 할미도 아는 얘긴데……."

"우씨, 할머니이!!"

다원이가 할머니를 노려보며 외쳤습니다.

"아유, 깜짝이야. 귀청 떨어지겠다. 할미가 뭐 틀린 말 했냐? 아, 그리고 잠깐만! 한 녀석이 이렇게 말하는구나. 다원이는 멍청하고 시끄럽고 바보 같은 팽이다. 멍청하고 시끄럽고 바보 같은 건 할미도 알겠는데, 팽이? 왜 네가 팽이냐?"

"우씨, 어떤 녀석이 그렇게 말해요? 흥! 두고 보라지. 할머니, 저 다시는 그 애들과 놀지 않을 거예요. 지금 결심했어요. 절대로요!"

그러자 할머니가 요술 구슬을 들여다보며 얼른 말했습니다.

내 얼굴이 이상해

"그러지 않아도 될 것 같구나. 너보다 먼저 네 친구들이 너와 놀지 않겠다고 결심했거든. 그럼, 나는 바빠서 이만."

할머니는 놀리듯이 싱긋 웃고는 사라져 버렸습니다.

다원이는 잔뜩 골이 나서 요술 거울을 노려보았습니다. 하지만 할머니는 이미 사라지고 없었고, 거울 안에는 자기 얼굴만 담겨 있었습니다.

그런데 얼굴이 조금 이상해 보였습니다. 며칠 전보다 얼굴이 더 빨갰고, 부스럼 같은 것도 나 있고, 무엇보다 머리 위에 볼썽사나운 뿔 같은 게 약간 튀어나와 있었습니다.

"내 얼굴이 조금 이상한 것 같은데? 뭐, 그래도 이만하면 미남이지만."

다원이는 마치 남을 놀리듯 거울 속 자신에게 혀를 내밀어 메롱, 하고는 돌아섰습니다. 하지만 친구들이 모두 가 버려 조금 쓸쓸하기는 했습니다.

한편, 꼬마 도깨비는 신이 나 죽겠다는 듯 펄펄 뛰며 즐거워하고 있었습니다.

"잘했다, 다원아! 계속 소리쳐! 울어! 막 떼를 써! 오늘도 파이팅!"

꼬마 도깨비는 통통한 배를 내놓은 채 식탁 위에 발을 턱 올려놓고 콧노래를 불렀습니다. 식탁 위에는 눈물주스, 몸부림불고기, 막무가내치킨 등이 잔뜩 놓여 있었습니다. 물론 다원이가 울면서 떼를 쓸 때마다 생긴 음식들입니다.

"히히, 날마다 이렇게 먹다간 배가 터지겠는걸."

꼬마 도깨비는 몸부림불고기를 한 움큼 입에 넣고는 눈물주스를 죽 들이켰습니다. 그러더니 히야호! 하고 탄성을 질렀습니다. 맛이 너무 기막혀 소리를 지르지 않고는 도저히 견딜 수가 없었습니다.

히야호!

> 아무도 없어요?

    오늘은 할머니 제삿날입니다. 엄마는 아침부터 제사 음식을 준비했습니다.

    저녁때, 드디어 제사상이 다 차려졌습니다. 소고기, 생선, 나물, 과일, 떡, 포, 김, 한과, 밥, 국……. 그야말로 없는 것이 없었습니다. 제사상 뒤쪽 벽에는 요술 거울이 턱 걸려 있었습니다.

    일찍 퇴근한 아빠도 엄마를 도와 제사 준비를 했습니다. 하

지만 다원이는 아무것도 하지 않았습니다. 세수를 하라고 해도 흥, 심부름을 하라고 해도 흥, 동화책을 보라고 해도 흥흥, 그렇게 콧방귀만 뀌었습니다. 엄마 아빠가 자기랑 놀아 주지 않는다고 잔뜩 골이 난 겁니다. 할머니 제사 때문에 그러니 이해해 달라고 말해도 흥, 하고 토라질 뿐이었습니다.

　제사상에 놓인 두 개의 촛대에서 양초가 밝게 타오르고, 향로에서도 향이 피어올랐습니다.

다원이는 엄숙한 제사가 영 마음에 들지 않았습니다. 딱딱하게 굳은 얼굴로 제사 준비를 하는 엄마 아빠가 낯설어 보였고, 혼자 멍하니 서 있는 자신의 모습도 낯설었습니다.

잠깐이라도 아빠와 재미있게 놀다가 제사를 지내면 참 좋을 것 같았습니다. 즐거운 마음으로 제사를 지내면 돌아가신 할머니도 더 좋아할 것 같았습니다.

아빠가 양복을 말끔하게 차려입고 제사상 앞으로 다가갔습니다. 이제 곧 제사가 시작될 모양입니다. 그런데 바로 그때, 다원이가 아빠의 바짓가랑이를 붙잡고 늘어지더니 느닷없이 말했습니다.

"아빠, 우리 잠깐만 말타기 놀이 하자!"

"안 돼! 지금은 제사 지내야 하니까 이따 하자."

"싫어. 지금 해! 지금 조금만 하자니까."

"안 돼!"

"돼!"

"안 돼!"

"돼!"

아빠와 다원이가 계속 말씨름을 하자, 보다 못한 엄마가 화를 내며 말했습니다.

"지금은 절대 안 돼!"

"아니야, 절대 돼!"

"절대 안 돼!"

"절대 돼!"

"절대 안 된다니까!"

"절대 된다니까!"

그러자 옆에서 지켜보던 아빠가 '당신도 별 수 없군.' 하더니 울상을 지었습니다.

아아아아앙—!"

화가 치솟은 엄마가 다원이를 노려보더니 아빠 바짓가랑이에서 억지로 손을 떼어 놓았습니다. 그러자 다원이가 뒤로 물러나다가 발을 헛딛으며 그만 문에 쿵 부딪치고 말았습니다.

"으으……."

다원이는 바닥에 주저앉은 채 울먹울먹하더니 그 유명한 울음을 터뜨리려고 시동을 걸고 있었습니다. 순간 엄마와 아빠는 입을 쩍 벌리고 눈을 동그랗게 떴습니다.

이제 드디어, 마침내, 결국 또 폭탄이 터지고 만 것입니다.

"으아— 으아아아아아아아아앙—!"

화산이 폭발하는 것 같은 다원이의 울음이 터졌습니다.

겨우 문에 콩 부딪쳤을 뿐인데, 다원이는 마치 3층에서 떨어진 아이처럼 마구 몸부림치며 울기 시작했습니다. 팽이처럼 몸을 **빙빙** 돌리고, 때로는 킹콩처럼 자기 가슴을 **쿵쿵** 두드리며 정말 우렁차게 울었습니다.

다원이는 엄마 아빠가 야속했습니다. 제사를 지내기 전에 그저 잠깐 놀자고 한 것인데 뭐가 잘못인가요? 다원이는 자기 말을 들어주지 않는 엄마 아빠가 너무 야속했습니다. 거기다가 엄마 때문에 문에 부딪치기까지 했으니, 울지 않고는 견딜 수가 없었습니다.

다원이의 몸속에 숨어 있던 꼬마 도깨비는 신이 났습니다.
"야야~ 야야야야~ 야야야야야야야~ 다원이 파이팅! 잘한다, 다원이! 힘내라, 다원이! 짝짝짝 짝짝! 대- 한- 다원!"

마치 월드컵 축구 경기를 응원하는 것 같았습니다.

다원이가 더 크게 울고 떼를 쓸 때마다 음식이 우르르 쏟아

졌습니다.

"오우, 이건 **야단법석피자**, 이건 **왕떼튀김**, 이건 **억지콜라**, 오우, 이건 내가 가장 좋아하는 **찡얼찡얼햄버거**! 다이어트를 위해서는 참아야 하지만 어떡해, 맛이 기가 막힌걸!"

다원이는 정말 지치지도 않고 계속 울며 떼를 썼습니다. 아무리 달래도 소용이 없었습니다. 엄마 아빠가 잘못했다고 싹싹 빌기까지 했는데도 꿈쩍도 하지 않고 울며불며 난리를 피웠습니다.

그러자 도저히 안 되겠다고 생각하셨는지 갑자기 요술 거울에서 할머니가 불쑥 나타났습니다.

"야아아아아! 너희들 제사 안 지내냐? 제사를 지내야 내가 제삿밥을 먹을 거 아냐! 배고파 죽겠다."

할머니는 그렇게 소리치다가 마구 울며 떼를 쓰는 다원이를 발견했습니다.

"으이구! 또 저 녀석이 말썽이군."

엄마 아빠는 할머니께 죄송스러워 말도 못하고 고개만 푹

숙이고 있었습니다.

　다원이는 요술 거울에 할머니가 나타난 줄도 모르고 으아아아아앙 울며 계속 몸부림을 치고 있었습니다.

　"좋다! 오늘은 특단의 조치를 취해야겠다."

　할머니는 가슴 속에서 주걱처럼 생긴 황금빛 요술봉을 꺼내더니 주문을 외웠습니다.

　"할리말리 수리당, 가라마야 쏘리당! 치라소카 시카당, 우리망카 싸라야! 얍!"

그러자 이게 웬일인가요? 집 안에 있던 물건들이 모두 물처럼 흐물흐물해지더니 요술 거울로 빨려 들어갔습니다. 책상도, 걸상도, 텔레비전도, 냉장고도, 세탁기도, 장롱도, 식탁도, 제사상도, 병풍도, 가방도, 선풍기도, 그릇들도 모두 빨려 들어갔습니다.

그뿐이 아닙니다. 로봇, 자동차, 포클레인, 곰인형 등 다원이가 좋아하는 장난감들도 모두 빨려 들어갔습니다.

멍멍이와 야옹이는 식탁 다리를 붙들고 늘어지다가 식탁이 빨려 들어가자 덩달아 빨려 들어갔습니다.

희한한 것은 동화책들입니다. 동화책들은 거울 속으로 빨려 들어가지 않았는데, 가만 보니 책장이 열리면서 책 속 주인공들이 마구 빨려 들어가는 것이 아니겠어요!

피터팬과 팅커벨, 후크 선장과 해적들, 백설공주와 일곱 난쟁이와 마녀, 왕자와 신데렐라와 못된 언니들, 곰돌이 푸와 친구들, 로빈 후드와 산적들, 전래 동화에 들어 있던 호랑이와 팥죽, 혹부리 영감, 사냥꾼과 사슴과 선녀, 못된 사또와 은혜 갚은 까치, 뱀과 두더지……. 하여튼 수백, 수천 명이나 되는 책 속 주인공들이 모두 요술 거울로 빨려 들어갔습니다. 그러자 빈 종이만 남은 책들이 한숨을 푹 내쉬더니 결국 주인공들의 뒤를 따라 요술 거울로 쏙 빨려 들어갔습니다.

엄마 아빠는 어떻게 되었냐고요?

당연히 빨려 들어갔지요. 엄마는 문고리를 잡고 늘어지다가

빨려 들어갔고, 마음이 약한 아빠는 처음으로 용기를 내어 엄마를 구하려고 치마를 잡고 늘어지다가 치마가 휙 벗겨지는 바람에 코를 바닥에 쿵 찧었습니다. 코피가 찔끔 나와 치마로 쓱 닦고 있는데, 먼저 빨려 들어간 엄마가 소리쳤습니다.

"당신 지금 내 치마에 뭘 묻히는 거예요! 빨리 내 치마 줘요! 창피해 죽겠어요!"

그래서 결국 아빠는 피 묻은 치마와 함께 거울로 쓩 빨려 들어가고 말았습니다.

이제 집 안에 남아 있는 건 아무것도 없었습니다. 텅 빈 집 안에 요술 거울만 달랑 벽에 걸려 있었습니다. 그것도 모르고 다원이는 몸부림을 치며, 팽이처럼 빙글빙글 돌고, 소리를 지르며, 지겹게 떼를 쓰고 있었습니다.

한편, 꼬마 도깨비는 이마에 '필승 다원!'이라고 쓰인 머리띠를 두르고, 한 손에는 다원이 얼굴이 그려진 깃발을 들고 흔들면서 신나게 노래를 불렀습니다.

"오, 필승 정다원~! 오, 필승 정다원~!
오, 필승 정다원~! 오오레오레~!"

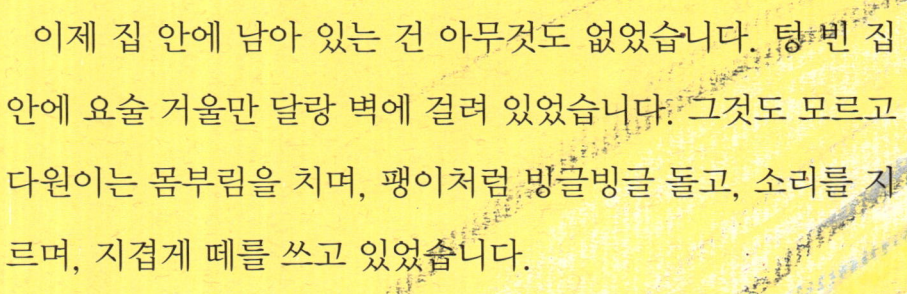

"으아아아앙"

　다원이는 무려 30분 동안이나 계속 울다가 주변에서 아무 소리도 들리지 않자 갑자기 울음을 뚝 그쳤습니다. 팽이처럼 돌며 몸부림을 치던 것도 마치 태엽이 다 풀린 장난감처럼 그 자리에 뚝 멈췄습니다.
　다원이는 그대로 누운 채 눈을 슬쩍 뜨고 주변을 둘러보았습니다.
　"오잉!"

다원이는 깜짝 놀라 벌떡 일어났습니다.

아무것도 없었습니다. 엄마도, 아빠도, 멍멍이도, 야옹이도, 장난감들도, 집 안에 있던 모든 물건들이 감쪽같이 사라졌습니다. 전기가 나갔는지 방도 컴컴했습니다. 이쪽저쪽 방을 가 보아도 다 마찬가지였습니다.

눈에 보이는 것이라고는 오로지 벽에 붙은 요술 거울뿐이었습니다. 아, 한 가지 더 있었습니다. 요술 거울 양쪽 허공에, 불을 밝힌 양초 두 개가 마치 마법처럼 떠 있었습니다.

"엄마! 아빠!"

다원이는 엄마 아빠를 소리쳐 불렀습니다. 하지만 아무 대답도 들리지 않았습니다.

"멍멍아! 야옹아!"

역시 대답이 없었습니다.

어디선가 서늘한 바람이 불어와 다원이의 목덜미를 쓱 문지르고 도망쳤습니다. 다원이는 소름이 끼쳐 자기도 모르게 몸을 움츠렸습니다.

다원이는 다시 울기 시작했습니다. 이번에는 너무 무서워서 운 것입니다. 그래서 몸부림도 치지 않았고, 팽이처럼 돌지도 않았고, 소리를 지르지도 않았습니다.

울다 지친 다원이는 문득 요술 거울 앞으로 다가갔습니다. 요술 거울에는 다원이의 모습이 담겨 있었습니다. 거울 안에 비친 자신의 모습을 바라본 다원이는 깜짝 놀랐습니다.

그것은 다원이 얼굴이 아니었습니다. 얼굴은 새빨갛고, 머리 위에 까만 뿔이 난 무서운 도깨비 얼굴이었습니다.

"으악! 하, 할머니! 할머니!"

다원이는 소리쳐 할머니를 불렀습니다.

몇 번을 부르자, 이윽고 거울 속에서 할머니가 모습을 드러냈습니다.

"아우, 졸려. 자려고 이제 막 이불 깔았는데 왜 불러?"

할머니는 시치미를 뚝 떼고 말했습니다. 다원이가 울먹이며 할머니께 물었습니다.

"엄마 아빠가 사라졌어요. 혹시 어디 갔는지 아세요?"

할머니는 요술 구슬을 쑥 꺼내더니 '까따리 나마리탕!' 하고 주문을 외웠습니다.

"음, 어디 볼까? 네 엄마 아빠는 '조용한 나라'로 가고 있구나. 벌써 아주 멀리까지 갔어. '어둠의 산'을 다섯 개나 넘어갔으니까.

아까 휴대폰에 문자로 '우리는 먼 곳으로 떠납니다. 다시는 안 돌아옵니다.'라고 찍혀 있던데, 그게 바로 그 뜻이었군."

다원이는 다시 울음이 터지려는 것을 꾹 참고 물었습니다.

"그럼 멍멍이와 야옹이는요?"

"어디 보자……."

할머니는 다시 요술 구슬을 들여다보았습니다.

"멍멍이는 '차라리 보신탕 집에 끌려가더라도 다원이랑은 안 산다.'고 외치면서 골목길을 막 달려가고 있구나. 또 보자……. 야옹이는 '난 차라리 들고양이가 되어 쥐나 잡아먹으며 살아야겠다. 도저히 다원이랑은 못 살겠다.'고 소리치면서 뒷산으로 달려가고 있구나."

"내 장난감들은요?"

"어디 볼까? 로봇이랑 자동차, 포클레인은 차라리 재활용 센터에서 녹아 없어지더라도 너랑은 안 산다는데."

"지금 어디 있는데요?"

"네 친구 차돌이네에 들렀다가 차돌이가 안 받아 주면 바로 재활용 센터로 간대."

"곰인형은요?"

"곰인형은 놀이터에서 놀다가 어떤 아주머니한테 발견되어 지금 그 집에서 아주 행복하게 자고 있는걸."

"그럼 내 동화책들은요?"

"동화책들? 아, 그 책 속에 들어 있던 주인공들이 다 달아났어. 책은 빈껍데기만 남아서 고물상에서 한숨만 푹푹 쉬고 있단다."

"주인공들이 어디로 달아났어요?"

"음, 보자. 다들 도서관으로 가고 있는걸. 이거 큰일인데."

"왜요?"

"도서관에 가서 다른 책들 속에 숨으면 주인공이 두 배로 늘

어날 거 아냐. 그럼 책 읽는 애들이 엄청 헷갈리겠는걸."

할머니 말에 다원이는 드디어 눈물을 펑펑 쏟아 내며 울기 시작했습니다.

"울지 마라, 애야. 왜 우니? 너 혼자 신나게 살면 되잖아? 일찌감치 독립했다고 생각해."

다원이가 꽥 소리를 질렀습니다.

"여덟 살에 독립하는 애가 어딨어요!"

"그럼 그동안 왜 그랬어? 네가 날마다 몸부림치면서 떼를 쓰니까 다들 질려서 떠났잖아. 그걸 생각해야지. 나도 살아 있었으면 분명 떠났을 거다."

다원이는 손등으로 눈물을 닦아 내며 겨우 대답했습니다.

"치! 이제 나도 알아요. 그럼, 앞으로 나 혼자 살아야 해요?"

"그래야지. 떼쓰는 아이랑 함께 살고 싶은 사람은 이 세상에 아무도 없으니까."

"죽을 때까지요?"

"물론 죽을 때까지!"

다원이는 울면서 한숨을 푹 내쉬었습니다.
"치! 정말 너무해. 나만 혼자 두고 모두 가 버리다니. 차라리 아동보호소나 찾아갈까 보다."
"그거 잘 생각했다. 사나이는 어렸을 때부터 독립심이 강해야 하거든."
할머니 말에 다원이가 다시 꽥 소리를 질렀습니다.
"할머니, 너무해요!"
그러더니 다시 소리를 지르며 울기 시작했습니다. 방구석에 쪼그리고 앉아 엉엉 울면서 작은 주먹으로 바닥을 쾅쾅 내려쳤습니다.
"으이구, 또 시작이군. 이젠 나도 가야겠다."

할머니가 그렇게 말하자마자, 요술 거울이 벽에서 떨어져 나와 허공으로 휘익 날아올랐습니다. 그러자 두 개의 양초도 할머니의 뒤를 따라갔습니다.

"우리도 가자.

아무리 봐도 쟨 너무해."

그때 다원이가 다시 외쳤습니다.

"이번이 마지막이에요. 이번에 딱 한 번만 때쓰고 정말 졸업할 거예요. 정말이에요!"

다원이 말에 요술 거울이 다시 날아와 벽에 척 걸렸습니다.

"너 정말이냐?"

"정말이에요."
"정말 떼쓰기 졸업이냐?"
"졸업이에요."
"그럼 이 할미가 외우는 대로 주문을 따라 해라. 이 주문을 외우고도 또 떼를 쓰면 네 얼굴이 도깨비로 변할 테니까 그건 알아서 하고."
"치, 제 얼굴은 벌써 도깨비 얼굴로 변했어요. 아까 요술 거울 보니까 완전히 도깨비던데요, 뭐."
"뭐야? 요술 거울에 비친 네 얼굴이 도깨비 같았다고?"
"네."
"그걸 왜 이제 얘기해?"

할머니가 깜짝 놀라며 얼른 품에서 마법 선글라스를 꺼내 썼습니다.

"정말이네. 이 녀석이

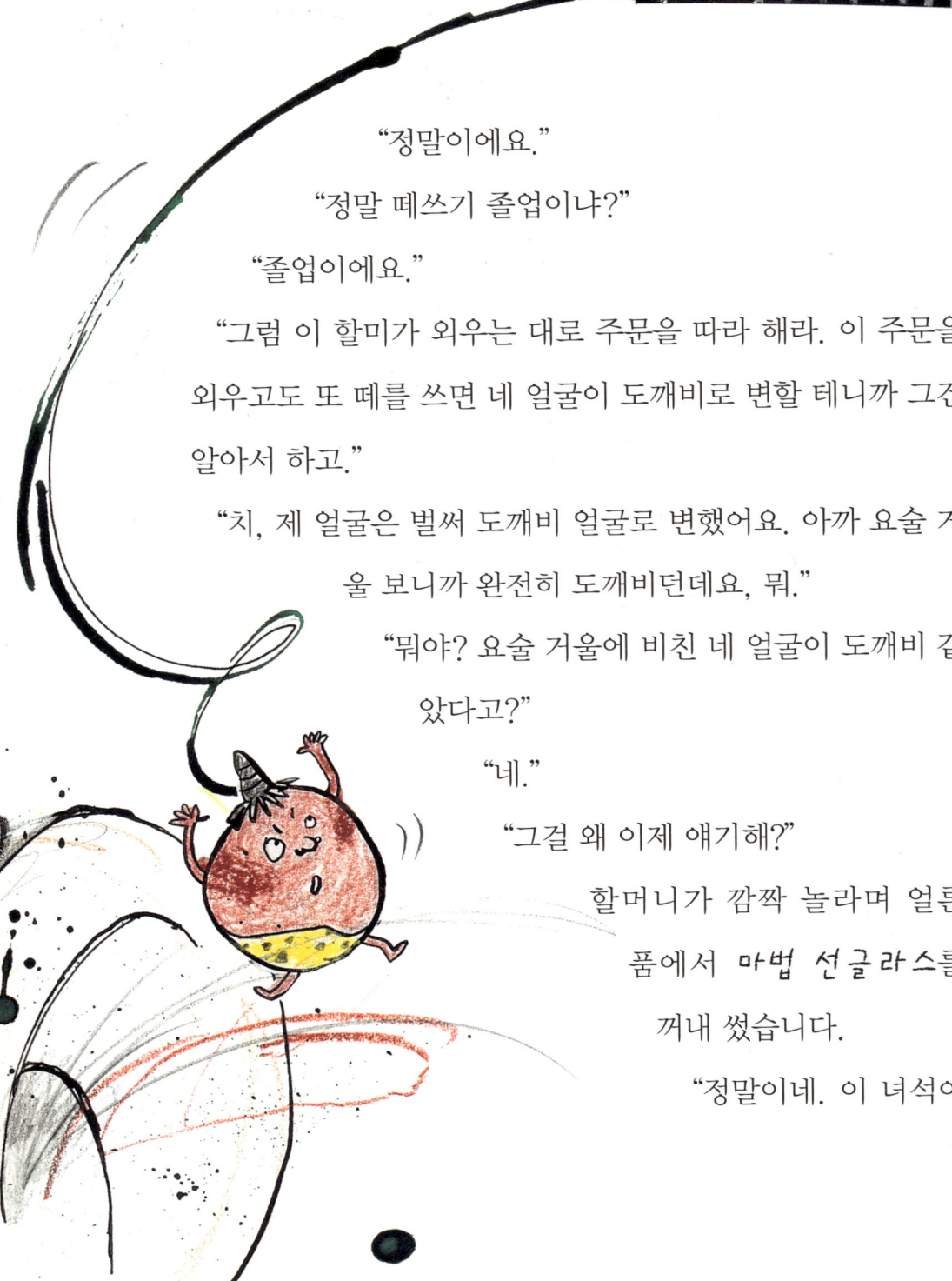

어디 갔나 했더니 내 손자 몸속에 숨어 있었군. 당장 못 나와!"

그러자 다원이의 몸속에서 목소리가 들렸습니다.

"안 나가! 못 나가! 여기가 얼마나 좋은데 내가 나가? 절대 안 나가!"

"안 되겠군."

할머니가 등 뒤에서 **마법 낚싯대**를 꺼내 순식간에 휙 휘둘렀습니다. 그러자 낚싯바늘이 다원이의 귀로 쏙 들어가더니 다시 쏙 나왔습니다.

그런데 이게 웬일인가요! 낚싯줄 끝에 빨간 꼬마 도깨비가 달랑달랑 매달려 있는 게 아니겠어요!

"잘못했어요. 살려 줘요!"

꼬마 도깨비가 낚싯줄 끝에 대롱대롱 매달린 채 손을 싹싹 빌었습니다.

"이 녀석 완전히 뚱보가 됐네? 다원이 몸속에서 아주 포식을 했구먼. 당장 들어와! **아나따까라!**"

할머니가 주문을 외우자, 꼬마 도깨비는 요술 거울 속으로

으아아아앙

슝 빨려 들어갔습니다. '다원이, 파이팅!' 하고 외치는 소리가 아련하게 들려왔습니다.

"바보 같은 도깨비 녀석. 다원이 몸속에 계속 있었다면 아마 굶어 죽었을 거다."

다원이는 어안이 벙벙하여 멍하니 할머니를 쳐다보았습니다. 자기 몸속에 도깨비가 들어 있었다는 게 정말 믿어지지 않았습니다.

할머니가 말했습니다.

"저 꼬마 도깨비는 떼쓰는 아이 몸속에서 **나쁜 에너지 음식**을 먹고 산단다. 하도 뚱뚱해서 다이어트를 하라고 감옥에 가둬 놨는데, 어느 틈에 도망을 쳐서 또 다시 뚱보가 되고 말았어. 쯧쯧, 다원이 네가 그만큼 떼를 많이 써서 그런 줄이나 알아."

다원이는 뭐가 뭔지 알 수 없었지만, 어쨌든 자기 몸속에서 도깨비가 빠져나가 너무 기뻤습니다.

"자, 요술 거울을 봐."

할머니가 그렇게 말하면서 거울에서 약간 비켜섰습니다. 다원이는 거울로 다가가 자기 얼굴을 보았습니다. 눈물 때문에 얼굴이 조금 꾀죄죄했지만 그래도 여전히 약간 미남인 자기 얼굴이 분명했습니다.

"어때, 다시 네 얼굴로 돌아왔지? 꼬마 도깨비가 몸속에 살면 얼굴이 자꾸 도깨비 얼굴로 바뀐단다."

할머니가 다시 말을 이었습니다.

"자, 다시 내가 하는 말 잘 들어라. 할미가 주문을 외울 테니 따라 해."

"잠깐만요. 제가 주문을 외우고, 다시는 떼 안 쓰면 엄마 아빠랑 멍멍이, 야옹이, 장난감, 동화책, 집 안 물건들이 다 돌아오나요?"

"몰라. 자기들이 알아서 할 거야. 네가 진심으로 주문을 외우면 돌아올 테고, 거짓된 마음으로 외우면 절대 안 돌아올 거야."

"알겠어요. 얼른 주문을 외워 주세요."

"히야라, 마치나 쏘나개나 띠까뿌아랑! 이얍!"

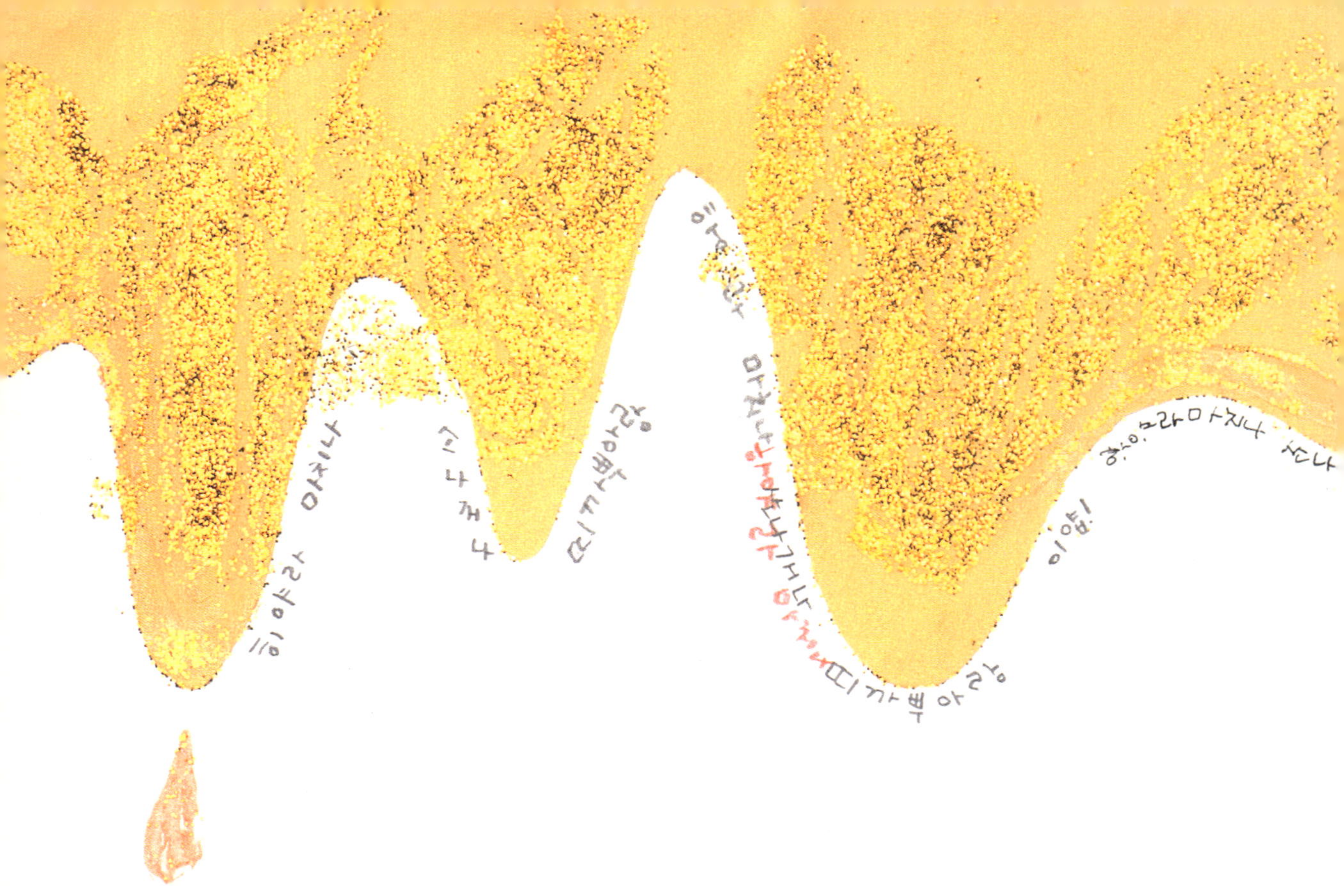

다원이도 얼른 따라 외쳤습니다.

"히야라, 마치나 쏘나개나 띠까뿌아랑! 이얍!"

그 순간 요술 거울에서 황금빛 가루가 찬란하게 쏟아졌습니다. 다원이는 너무 눈이 부셔 눈을 꼭 감았습니다.

다시 눈을 떴을 때, 정말 신기하게도 모든 것이 제자리로 돌아와 있었습니다.

　책상도, 걸상도, 텔레비전도, 냉장고도, 장롱도, 식탁도, 제사상도, 병풍도, 가방도, 선풍기도 다 돌아왔습니다. 로봇, 자동차, 포클레인 같은 장난감도 다 제자리로 돌아왔습니다. 곰 인형은 다원이의 발 아래에서 히죽 웃고 있었습니다.
　그런데 이상하게도 엄마 아빠가 보이지 않았습니다. 또 멍멍이와 야옹이도 보이지 않았습니다.

으아아아앙 63

"할머니, 제일 중요한 엄마 아빠가 안 보여요. 멍멍이랑 야옹이도요."

그때 냉장고 문이 삐걱 열리더니 '으, 추워.' 하며 아빠가 나타났습니다. 엄마는 세탁기 문을 덜컹 열더니 '누가 날 빨래로 알았나 봐.' 하면서 기어 나왔습니다.

멍멍이는 큰 솥 안에서 어슬렁어슬렁 기어 나오며 '가스레인지만 켰으면 난 보신탕 두 그릇이 됐을 거야.' 하고는 한숨을 쉬었습니다.

야옹이는 멍멍이가 기어 나온 그 솥에서 따라 나오며 '아휴, 내가 방석인 줄 아나? 멍멍이가 깔고 앉아서 예쁜 내 얼굴 완전히 짜부라졌네.' 하고 툴툴거렸습니다.

다원이는 그 모습을 보고 갑자기 으앙~ 울음을 터뜨렸습니다.

그러자 다들 긴장했습니다.

"뭐야, 또야?"

야옹이가 인상을 찌푸리며 그렇게 중얼거렸습니다.

다원이가 울면서 띄엄띄엄 말했습니다.

"아냐, 너무 기뻐서 그래. 조금만 울고 그만둘 거니까 좀 봐 줘. 다시는 떼 안 쓸 거란 말이야. 으앙~."

다원이의 말에 엄마 아빠가 킥킥 웃었습니다. 멍멍이와 야옹이와 장난감들도 히히 후후 호호 낄낄 웃었습니다.

 마침 그때 책 속의 주인공들이 요술 거울에서 슝 나오다가 다원이가 우는 모습을 보고 다시 도망가야 하나 말아야 하나 망설이고 있었습니다. 그러다 다들 웃는 모습을 보고 휴우, 안도의 한숨을 쉬고는 잽싸게 각각 자기 책 속으로 **휘리리릭** 들어갔습니다.

"이제 다 끝났다. 어서들 제사나 마저 지내라. 나 배고파 죽겠다."

할머니가 호호 웃으며 말했습니다.

다원이네 가족은 정성스레 제사를 지냈습니다. 아빠도, 엄마도, 다원이도 할머니께 절을 올렸습니다. 그러자 할머니가 마치 고무줄 인간처럼 상체를 길게 늘어뜨리며 요술 거울에서 나오더니 정신없이 제사 음식을 먹기 시작했습니다.

"와우, 맛있다. 우걱우걱우걱!"

할머니가 소고기 산적을 다 먹어 버렸는데도 다원이는 꿈쩍도 하지 않았습니다. 소고기 산적은 다원이가 피자 다음으로 좋아하는 음식이거든요. 다른 때 같으면 벌써 난리가 났을 텐데, 정말 다원이가 떼쓰기를 졸업한 것인지 아무 말도 하지 않았습니다.

"아, 잘 먹었다. 그럼 난 간다. 안녕!"

할머니가 요술 거울 속으로 사라졌습니다.

그런데 웬일인가요! 할머니가 사라지자마자 제사 음식이 도로 다 생겨났습니다. 처음 제사상을 차려 놓았던 그대로 말이에요!

"우리도 이제 먹도록 하자. 모두 다 함께!"

아빠가 말했습니다.

다원이는 그제야 상 앞으로 다가가 다소곳이 앉았습니다.

엄마도, 멍멍이도, 야옹이도, 곰인형도 다가와 앉았습니다.

그뿐이 아닙니다. 동화책 속에 있던 주인공들도 모두 다 나왔습니다.

"분명히 아빠가 '모두 다 함께!'라고 말했어. 내가 분명히 들었어."

후크 선장이 우걱우걱 음식을 먹으며 그렇게 말하자 곰돌이 푸도 '나도 들었어.' 하더니 역시 후닥닥 음식을 먹기 시작했습니다.

같이 놀아요

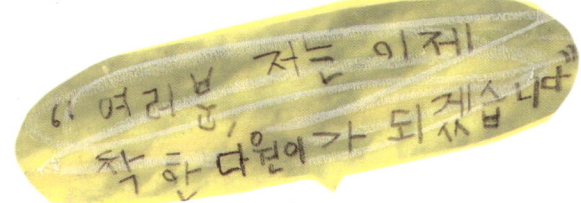

여러분, 저는 이제 착한 다원이가 되겠습니다

금세 방 안이 사람들과 동물들로 가득 차 신나는 파티가 벌어졌습니다. 엄마가 연락했는지 다원이 생일 때 왔던 친구들도 우르르 몰려왔습니다.

다원이는 엄마와 아빠와 친구들, 멍멍이와 야옹이와 곰인형, 그리고 책 속의 주인공들과 음식을 나누어 먹었습니다. 너무 정신이 없어 조금 짜증이 나긴 했지만 다원이는 꾹 참았습니다.

그러자니 음식을 다 같이 나눠 먹는 것도 괜찮다는 생각이 들었습니다. 피자를 한 판 다 먹으려고 떼를 쓰다 결국 다 먹지도 못하고 음식이 남아돌아 걱정을 했던 기억도 났습니다. 친구들이 다 가 버려 쓸쓸했던 기억도 났고요.

그때, 다원이가 벌떡 일어서더니 북적이는 사람들과 동물들에게 활짝 웃으며 외쳤습니다.

"여러분, 저는 이제 착한 다원이가 되겠습니다!"

다원이가 마음을 굳게 먹고 그렇게 말했는데 아무도 쳐다보지 않았습니다. 다들 음식을 먹느라 정신이 없었습니다. 오로지 후크 선장과 혹부리 영감만이 시큰둥하게 이렇게 말했을 뿐입니다.

"네 맘대로 해."

"밥 먹을 때는 떠드는 거 아니다."

다원이는 멋쩍게 뒤통수를 벅벅 긁었습니다. 그러고는 우당탕탕 달려가 소고기 산적을 움켜쥐었습니다. 마지막 남은 소

고기 산적을 후크 선장이 갈고리 손으로 막 찍으려던 순간이었거든요.

다원이는 소고기 산적을 입 안에 우겨 넣고, 또 다른 음식에 손을 뻗었습니다. 그러자 다른 사람들과 동물들도 마치 3일씩 굶은 거지처럼 음식을 집어 마구 입에 우겨 넣었습니다. 정말

거지들이 모여 난장판 파티를 벌이는 것만 같았습니다.

하지만 누구도 화를 내거나 짜증을 부리지 않았습니다. 다들 낄낄낄 히히히 헤헤헤 크크크 헐헐헐 웃으며 즐겁게 음식을 먹었습니다. 손과 얼굴에 음식이 묻고, 옷도 모두 엉망이 되었지만 다들 즐겁게 파티를 했습니다.

까짓것, 손과 얼굴에 묻은 건 닦으면 되고, 옷에 묻은 건 빨면 되니까요. 어쨌든 다들 행복하면 된 거 아닌가요? 그렇죠?

앞으로 다원이가 정말 잘해 낼까요? 피자를 먹을 때도 혼자 먹겠다고 떼를 쓰지 않을까요?

그건 알 수 없어요. 하지만 미리 걱정할 필요는 없을 것 같아요. 지금 다들 행복하니까 그것으로 대만족입니다. 나중 일은 나중에 걱정하죠, 뭐.

1. 심리 테스트로 알아보는 떼쟁이 지수

가 관심을 끄는 물건이 있으면 무조건 사 달라고 한다.

→ 예 → 엄마한테 계속 사 달라고 조르다가 꾸중을 자주 듣는다.  → 예 →

↓ 아니오

나 가지고 싶은 물건이 있어도 엄마가 사 줄 것 같은지 상황을 먼저 보고 조른다.

→ 아니오 ↗ 예 ↘

→ 예 → 엄마가 안 된다고 하면 일단은 참는다.  → 예 →

↓ 아니오

다 가지고 싶은 물건이 있어도 먼저 나한테 꼭 필요한 물건인지 생각해 본다.

→ 아니오 ↗

→ 예 → 생각하면 할수록 나에게 꼭 필요한 물건일 때 사 달라고 한다. → 아니오 ↘ / 예 →

라 가지고 싶은 물건이 있어도 바로 얘기하지 않고 일단 메모해 둔다.

→ 아니오 ↗

→ 예 → 그 물건이 왜 필요한지 여러 번 깊이 생각해 본다.  ↑ 아니오 / → 예 →

가, 나, 다, 라 중 하나를 선택하고 출발!   예   아니오

엄마가 사 줄 때까지 울거나 떼를 쓰면서 끝까지 굽히지 않는다.

예 →

떼쟁이 지수 100
떼쓰는 버릇이 매우 심하군요. 상대방의 마음을 생각하는 습관을 길러야 해요.

↓ 아니오

엄마가 아무리 안 된다고 해도 끝까지 사 달라고 조른다.

 예 →

떼쟁이 지수 60
나에게 꼭 필요한 물건일지라도 엄마가 안 된다고 하는 이유를 잘 생각해 보고 타협하는 방법을 찾아 보세요.

↓ 아니오

엄마가 안 된다고 하면 그 물건이 왜 필요한지에 대해 다시 한 번 조심스럽게 엄마를 설득해 본다.

예 →

떼쟁이 지수 30
가지고 싶은 물건을 엄마가 안 사 줄 경우, 왜 그걸 사야 하는지 이유를 곰곰이 생각하는 습관을 길러 보세요.

↓ 아니오   아니오 ↗

엄마한테 사야 할 물건을 말씀드리고 왜 사야 하는지 필요성을 조목조목 설명한다.

예 →

떼쟁이 지수 0
잘하고 있어요. 지금처럼 신중하고 지혜롭게 상대방을 이해시키는 습관을 이어 나가세요.

2. 떼쓰지 않고 나를 이해시키는 방법

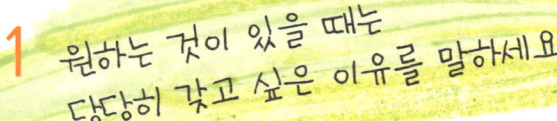

1 원하는 것이 있을 때는 당당히 갖고 싶은 이유를 말하세요

- 원하는 것을 사 달라고 조르거나 떼를 쓰기보다는 당당히 그 이유를 말하는 것이 좋아요. 그 물건이 필요한 이유를 조목조목 잘 설명하여 엄마 아빠를 이해시키세요. 무턱대고 사 달라고 할 때보다 훨씬 결과가 좋을 거예요.

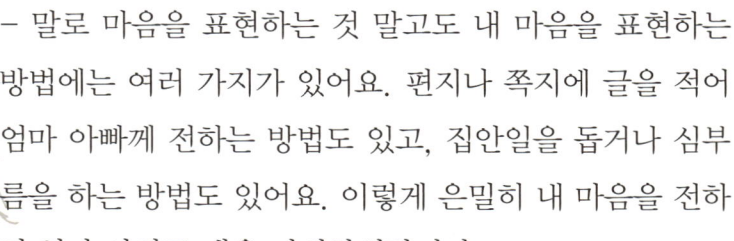

2 내 마음을 표현하는 여러 방법을 생각해 봐요

- 말로 마음을 표현하는 것 말고도 내 마음을 표현하는 방법에는 여러 가지가 있어요. 편지나 쪽지에 글을 적어 엄마 아빠께 전하는 방법도 있고, 집안일을 돕거나 심부름을 하는 방법도 있어요. 이렇게 은밀히 내 마음을 전하면 엄마 아빠도 매우 기뻐하신답니다.

3 부모님이 안 된다고 말하는 건 내가 미워서가 아니에요

- 엄마 아빠는 종종 '안 돼!', '그건 하지 마!' 라는 식으로 더 이상 조르지 못하게 말을 막아 버립니다. 때로는 야단을 치기도 하고요. 하지만 그것은 내가 미워서 그러는 것이 아니라 사랑하기 때문이에요. 바른 길로 인도하려는 부모님의 마음이 담긴 사랑의 말인 거죠. 부모님이 가장 사랑하는 사람은 바로 '나' 라는 사실을 잊지 마세요.

4 내가 원하는 모든 것을 다 가질 순 없어요

- 세상에는 가지고 싶은 것이 너무 많아요. 컴퓨터, 게임기, 휴대폰, 축구공, 인형 등등. 하지만 가지고 싶다고 해서 모두 가질 수는 없어요. 그중에는 내게 꼭 필요한 물건도 있겠지만, 잘 생각해 보면 그렇지 않은 물건도 있어요. 또 너무 비싼 물건을 사 달라고 조르면 부모님의 입장이 곤란해진답니다. 이런 사실을 알면서도 고집부리면 욕심쟁이라고 놀림당하겠죠?

국립중앙도서관 출판예정도서목록(CIP)

내 맘대로 할 거야 : 떼쓰는 습관을 고쳐주는 책 / 글 : 양태석 ; 그림:
이루다. — 개정판. — 고양 : 위즈덤하우스 미디어그룹, 2010
   p. ; cm -- (좋은습관 길러주는 생활동화 ; 02)

권말부록: 심리 테스트로 알아보는 떼쟁이 지수 ; 떼쓰지 않고 나를
이해시키는 방법
ISBN 978-89-6247-152-6 74810 : ₩8500
ISBN 978-89-92010-33-7(세트)

동화(이야기) [童話]

813.6-KDC5   CIP2010002569

떼쓰는 습관을 고쳐주는 책
내 맘대로 할 거야

초판 1쇄 발행 2007년 3월 20일   개정판 7쇄 발행 2018년 5월 10일

글 양태석   그림 이루다
펴낸이 연준혁   스콜라 부문대표 신미희

출판 5분사 분사장 윤지현
디자인 함지현

펴낸곳 (주)위즈덤하우스 미디어그룹   출판등록 2000년 5월 23일 제13-1071호
제조국 대한민국   주소 경기도 고양시 일산동구 정발산로 43-20 센트럴프라자 6층
전화 (031)936-4000   팩스 (031)903-3891
전자우편 scola@wisdomhouse.co.k   홈페이지 www.wisdomhouse.co.kr
스콜라카페 http://cafe.naver.com/scola1

ⓒ양태석·이루다, 2007
ISBN 978-89-6247-152-6 74810
ISBN 978-89-92010-33-7(세트)

이 책은 저작권법에 따라 보호받는 저작물이므로 무단전재와 무단복제를 금지하며,
이 책 내용의 전부 또는 일부를 이용하려면 반드시 저작권자와 (주)위즈덤하우스 미디어그룹의
동의를 받아야 합니다.
 * 잘못된 책은 바꿔 드립니다.   * 이 책의 사용 연령은 8~13세입니다.

스콜라는 (주)위즈덤하우스 미디어그룹의 아동·청소년 브랜드입니다.